AF603094

DECLARATION DV ROY SVR LE SVBIECT DES NOVVEAVX remuements de son Royaume.

A PARIS,

Par FED. MOREL, & P. METTAYER, Imprimeurs ordinaires du Roy.

M. DC. XVII.

Auec priuilege de sa Maiesté.

DECLARATION DU ROY

SUR LE SUBIECT DES NOUVEAUX remuements de son Royaume.

BIEN que la rebellion des Ducs de Neuers, de Vendosme, de Mayenne, & de Buillon, autheurs des lettres qui ont esté apportées de Soissons à sa Majesté le septiesme & quatorziesme de ce mois, les rende indignes de response, Si est-ce toutesfois que le desir qu'elle a de se satisfaire soy mesme en satisfaisant le public, l'a faict resoudre de detromper ceux qui pourroient auoir receu quelques mauuaises impressions par leurs artifices ; & faire voir à tout le monde que sous pretexte de leur conseruation particuliere &

du bien de ce Royaume, ils n'ont autre but que de chercher leur accroissement en sa ruine.

Ces deux lettres qui contiennent plusieurs poincts se peuuent reduire à deux principaux, l'vn est de persuader qu'il n'y a point de seureté aupres du Roy, d'où ceux qui les escriuent inferent qu'ils ne peuuent obeir aux commandements que sa Majesté leur faict de se rendre prez d'elle : L'autre est de descrier le Gouuernement de son Estat : Ce qu'ils font, l'accusant de violence & d'iniustice, & menaçant ceste monarchie d'vne subuersion ineuitable, pour souz ombre de l'en garantir, emouuoir les peuples à fauoriser la resolution qu'ils ont prise de faire la guerre à leur Prince.

Sa Majesté examinera ces deux poincts particulieremét, & fera par ce moyen aussi clairement paroistre la sincerité de ses intentions, & la iustice de ses actions, comme la malice de ceux qui s'en plaignent & les blasment.

Comment osent-ils dire qu'on ne peut trouuer seureté auprés du Roy? ne sçauent-ils pas que quiconque fait son deuoir la doit prendre en son innocence? Que les Roys sont des Asyles asseurez pour ceux qui se recognoissent & se repentent de leurs fautes? Que leur parole est inuiolable, & leur foy la marque la plus asseurée de la Royauté? Que de le penser autrement c'est vn crime?

Sa Majesté n'a-t'elle pas faict dire plusieurs fois à ceux qui se sont entremis de leurs affaires, que lors qu'ils se rangeroient à ce qu'ils doiuent, elle auroit les bras ouuerts pour les receuoir? Leurs proches, & plusieurs personnes de probité n'ont pas manqué de le leur faire sçauoir: Quel estat ont-il faict de ces offres? quels effets ont-ils donnez? en quel deuoir se sont-ils mis de recognoistre leurs fautes? ont-ils licentié leurs garnisons extraordinaires? ont-il prié sa Majesté de leur pardonner? S'ils l'eussent faict ils eussent trouué toute seureté aupres d'elle: & en effect rien ne peut empescher qu'ils ne l'y trouuent entiere, que le desir qu'ils ont de la prendre en eux mesmes, où iamais ils ne la peuuent auoir, puis qu'en la Monarchie elle ne reside qu'en l'auctorité du souuerain, qui tient tous ses subjects sous sa protection aussi bien que sous sa puissance.

Les paroles estant inutiles, où les effects sont du tout contraires, Que sert il au Duc de Neuers de dire qu'il se veut iustifier deuant le Roy, ou en la Cour des Pairs de son Royaume, puis qu'il estime & recognoist la seureté qu'il demande pour ce faire, ne se pouuoir trouuer auprés de sa Majesté? Demander vne chose auec des conditiõs impossibles, c'est la demander pour ne l'auoir pas; & partant il paroist qu'il se veut contenter de parler de son innocence, sans la faire voir par les preuues irreprochables dont il se vante: ce qu'il monstre assez ouuertement lors qu'il dict que pour ceste heure le tesmoignage de sa conscience luy suffit.

S'il vouloit se iustifier en effect comme en apparence, pourquoy ne s'est-il serui du moyen que sa Majesté luy en a donné, dont il l'a remercie par sa lettre? pouuoit-il mieux tesmoigner le desirer qu'en l'acceptant? pourquoy a-til refusé ce qu'il demande maintenant apres s'estre mis en estat, où quoy qu'il soit foible, il se persuaderoit volontiers, pouuoir obtenir par force, ce qu'il ne doit & ne peut esperer que de la bonté de son Prince? S'il eust eu ce dessein , à quelle fin eust-il laissé passer le temps qui luy a esté donné pour se recognoistre, sans le faire en aucune façõ, ny tesmoigner en auoir enuie? A quelle fin escrire à sa Majesté le terme estant expiré, & non auparauant: si ce n'est en intention de l'offenser au lieu de la satisfaire? Et en effect que contient sa lettre qui puisse contenter? elle ne remarque aucuns bons effets, & est pleine de paroles indignes d'estre escrites par vn subiect à son Prince. Mãdier vne grace auec paroles indecentes, est-ce vne voye conuenable pour paruenir à ses fins? Demander à son Roy iustice à main armée, est-ce chose supportable? Cepédant voila les moyens dont il se sert, & ce sous pretexte de n'auoir point de seureté, quoy qu'il ne puisse alleguer

aucun

aucune legitime cause de desfiance.

L'entree que depuis sa desobeyssance, sa Majesté a faicte en vne de ses villes pour desiurer ses subiects des oppressions insupportables qu'on leur faisoit souffrir, ne luy en peut donner. Et veritablement on peut dire que ny luy ny ses adherents n'en ont aucun subiect s'il n'est caché en leur conscience, qui ne leur permet pas de prendre seureté en autres lieux qu'en ceux où ils s'estiment maistres. Ainsi pour estre en asseurance dans Paris, ils voudroient y pouuoir autant que dás Sedan, Mezieres, & Soissons, estre les plus forts à la Cour, & en estat de disposer à leur volonté de toutes choses: Lors ils seroient contents: mais c'est à sçauoir si en ce cas sa Majesté auroit subiect de l'estre, & si elle seroit en seureté.

Pour colorer la desfiance qu'ils feignent auoir pour seruir de couuerture à leurs entreprises, ils mettent en auāt qu'on a violé la foy publique en faisāt arrester Monsieur le Prince deCondé.

Quelle insolence de dire que sa Majesté ait violé sa foy? punir vn nouueau crime apres en auoir pardonné plusieurs, est-ce violer sa foy? Qui a iamais ouy parler qu'vne abolition des fautes passees couurist celles qui arriuent par apres? Oublier vne faute est-ce donner liberté de la commettre de rechef? Il n'est pas des graces en matiere de crime comme en autres choses, où les vnes appellent les autres, puis qu'au contraire la grace d'vn delict oblige non seulement celuy qui l'a receuë à n'en plus meriter: mais en outre celuy qui l'a donnee à n'en plus accorder. Si les graces portoient à nouuelles fautes, elles perdroiēt le nom de grace, & meriteroiét celuy de crime. Aussi vne des cõditions de celles qu'on donne pour le passé est de ne retourner plus à l'aduenir à son peché, & le pardon que Dieu faict d'vne faute le conuie à la punir plus seuerement au cas qu'on y retourne.

Sa Majesté a faict ce qu'elle a deu sans violer sa foy, ny vser de violence, ces deffauts luy estans si odieux que pour les bannir de son Royaume, elle a pris resolution de les reprimer en ceux qui les luy veulent imputer.

C'est en vain qu'ils taschẽt de persuader que sa Majesté a mãqué à sa parole en arrestant Monsieur le Prince de Condé: chacun cognoissant tellemẽt sa faute, que la forme & la suite de son arrest, font paroistre la clemence de sa Majesté, non seulement plustost que sa rigueur, mais que sa Iustice.

Et il ne faut pas s'estonner s'ils

tiennent ce langage, puis qu'ayant trempé en ses conspirations, ce leur seroit vn grand aduantage de le faire croire innocent pour en suite se pretendre exempts de crime.

Sa Majesté n'a rien fait en ceste occasion qui ne soit approuué de tous les gens de bien: elle s'est portee volontairement en ceste action comme en toute autre, estant du tout esloigné de la verité qu'elle l'ayt fait par violence, comme dit le Duc de Neuers, pour en faisant semblant de l'excuser, luy mettre double tache sur le front, & celle du violement de sa foy, & celle d'vne si grande facilité, qu'on fust maistre de ses volontez pour les porter à toute iniustice.

Sa Majesté est en aage de cognoistre le bien & le mal, & desire auec telle passion se porter à l'vn, & euiter l'autre, qu'elle fera sans doute aduouër à tout le monde que la iustice est la regle de ses actions, qu'on ne remarquera iamais accompagnees d'aucunes violences.

Et qui peut dire qu'elle en ait vsé en arrestant celuy dont la liberté mettoit sa personne & son Estat en eminent peril? il n'y a homme au monde bien sensé qui puisse auoir ceste pensée.

Le courage de sa Majesté ne peut aussi permettre à personne de croire qu'ō la porte par force à quelque chose, nul n'ayant pouuoir en son Royaume de contraindre, qu'elle, qui fait estat de l'auoir comme ne l'ayant pas, si ce n'est pour ranger à leur deuoir ceux qui s'en trouueront esloignez au preiudice de leur honneur & de leur conscience.

Par là il paroist que sa Majesté estāt du tout portee à la Iustice, & n'en pouuant estre diuertie par personne du monde, ceux qui ont de bons desseins n'ont qu'à esperer aupres d'elle, & rien à craindre : & que partant dire qu'il n'y a point de seureté pres de sa personne, c'est vn pur pretexte dont ceux qui s'en sont volontairement retirez se veulent seruir pour couurir la prise de leurs armes, comme si elle estoit fondee sur le droict de nature qui oblige vn chacun à se conseruer & se deffendre.

Outre ceste consideration de leur conseruation par laquelle ils taschent de iustifier leurs armes, pour faire croire qu'ils n'ont pas seulement deuant les yeux ce qui touche leur particulier, mais en outre qu'ils sont meuz du bien public, ils mettent encore en ieu la restauration de l'Estat, & de là prennent occasion de descrier les affaires du Roy, & d'en representer la face toute autre qu'elle n'est.

Pour cet effect ils vomissent mille iniures contre ceux qu'ils estiment puissants en la Cour aupres de sa Majesté, & descrient ceux qui sous son auctorité manient ses affaires : mais ces artifices sont si grossiers qu'il n'y a personne qui ne les cognoisse, & qui ne s'estonne grandement, comment ils osent s'en seruir apres l'auoir desia faict par le passé.

En cela il paroist clairement que leur Conseil qui est experimenté en matieres de crimes leur a mieux appris à les commettre qu'à s'en iustifier : estant chose claire que pour se purger d'vn delict, accuser vn tiers n'est pas vn moyen receuable.

Ceux qui pour venger leurs passions ont en plaine paix enleué par force & inhumainement outragé les subiects de sa Majesté, qui chassent de leur propre auctorité ses Officiers de leur ſiege, empeſchent le cours de la iuſtice, ſont-ils receuables à accuſer les autres de l'opprimer iniuſtement?

Ceux qui en s'eſleuans en armes contre leur Roy, en ſurprenãts ſes villes, & s'emparants de ſes fortereſſes, ont faict paroiſtre leur ambition inſupportable, doiuẽt-ils eſtre receuz à en taxer ceux qui ayans receu de ſa Majeſté des plus fortes places de ſon Royaume, les ont remiſes en ſes mains pour faciliter la paix qu'elle vouloit donner à ſon peuple?

Quelle ambition peut-on s'imaginer plus dangereuſe que celle qu'on voit en leurs actions, par leſquelles publiquement à force ouuerte ils vſurpent l'auctorité Royale, & entreprennent ce qui n'appartient qu'au ſouuerain?

Sera-t'il loiſible à ceux qui ont mangé le peuple iuſques aux os, & exercé ſur luy les cruautez les plus barbares qui ſe peuuent penſer, de parler de ſon ſoulagement pour en reietter l'oppreſſion & la ruine ſur les autres?

En fin permettra-t'on à ceux qui n'ont iamais gardé aucunes des paroles qu'ils ont donnees à leur Roy, d'accuſer les autres de perfidie, leur attribuant le violement de la foy publique?

L'enuie les faict parler & ſe plaindre de l'aduancement de ceux en la place deſquels ils voudroient eſtre: ils leur imputent leur naiſſance, comme ſi eſtre eſtranger eſtoit vn crime, & qu'on n'en n'euſt iamais veu d'aduancez hors de leur pais.

Ils font ſemblant d'eſtre bons François blaſmant les Eſtrangers, mais en effect il paroiſt bien quels ils ſont, puis qu'en demandant l'eſloignement de quelques-vns dont les intereſts ſont attachez à la France, ils n'oublient rien de ce qu'ils peuuent pour en attirer de toutes parts à la ruine de ce Royaume.

Les Roys font du bien à qui bon leur semble sans qu'ō s'en puisse plaindre, principalement quand les faueurs qu'ils departent aux vns, n'empeschēt pas qu'ils n'en fassent aux autres, & qu'ils ne rendent la Iustice à tout le monde.

Que sa Majesté soit en ces termes, ayant les mains ouuertes pour tous ses subiects, plus de cinq millions que ceux mesmes qui se plaignent ont reçeus d'elle, le iustifient: qu'elle rende la iustice à tout le monde, c'est chose claire, & Dieu vueille qu'ils ne la contraignent point de le leur faire aduoüer à leurs despens.

Quant à ceux sur le soin desquels sa Majesté se repose d'vne partie de ses affaires, elle eut esté trompee si ceux qui les blasment eussent parlé d'eux autrement qu'ils ne font : n'y ayant point d'apparence que ceux qui la deseruent rendent des tesmoignages aduantageux de ses seruiteurs, dont elle cognoist si bien la candeur & la sincerité, qu'elle s'asseure que ceux qui les taxent les recognoissent tels en leur conscience, que s'ils y trouuent quelque chose à redire, c'est le choix qu'elle en a faict & leur fidelité.

Ils les publient incapables de la seruir, par ce qu'ils ne sont pas capables de se laisser aller au preiudice de leur maistre à leurs passions, qui les guident de telle sorte que celuy qu'ils disent vn iour homme de bien, est le lendemain tenu d'eux pour meschant, si sa Majesté s'en sert, & qu'il se porte courageusement à l'affermissement de son auctorité, & au restablissement de ses affaires. Ce qui paroist assez en ce qu'ils louent & desirent maintenãt ceux qu'ils blasmoient estans prés de sa Majesté, & de l'esloignement desquels ils sçauent bien eux mesmes estre la cause.

Pour faire pitié à tout le monde ils se representent opprimez & en seruitude: cependant on peut dire auec verité que si on les opprime, c'est seulemét en ce qu'on leur empesche de faire ce que bon leur semble: que si on les tient en seruitude, c'est en ce qu'on ne leur laisse pas la liberté qu'ils desirent de mal faire.

Ils passent plus auant osans entreprendre de faire naistre de la deffiance en l'esprit de sa Majesté, comme si sa personne estoit en peril, & si ceux qui ont le plus d'interest à sa conseruation auoient dessein de precipiter son Estat en vne entiere ruine.

Ils taschent mesme de luy rendre la Reyne sa mere, & l'assistence qu'elle luy depart, du tout suspectes : les langages que tiennét ouuertement leurs partisans le font cognoistre, & quoy qu'on ne le voie pas en termes expres en leurs lettres, il paroist assez que sous d'autres pretextes c'est le vray but auquel ils tendent.

Ils representent en fin sa Majesté comme captiue, priuee d'auctorité, sans liberté de disposer d'aucune chose : comme si elle ne cognoissoit pas qu'il n'y a aucun mal à craindre, ny pour elle, ny pour son Royaume, que celuy de la continuation de leurs practiques & de leurs menees : comme si elle ne voyoit pas que les miseres qu'ils disent estre arriuees depuis son regne doiuent estre attribuees à leur rebellion & ingratitude insuportable : comme si elle ne sçauoit pas que la Reyne sa mere n'a ny ne pretend autre auctorité que la sienne, qu'elle ne prend cognoissance de ses affaires qu'à son instante priere & supplication, qu'outre le bon heur de sa naissance elle luy doit la conseruation de son Estat, en l'administration duquel sa cõduite a esté telle qu'on n'y sçauroit trouuer à redirè, si ce n'est en ce que le malheur du temps y a introduit, sans qu'on y peust apporter remede.

En fin comme si elle ne sçauoit pas que sous couleur de l'auctoriser dauantage, leur dessein n'est autre que de la tenir en captiuité, & luy oster la liberté qu'elle a de disposer de ce que bon luy semble.

En cela il faut qu'ils recognoissent que le mescontentemẽt qu'ils ont de n'auoir pas telle part qu'ils desirent au maniement des affaires du Roy, les fait parler contre leur propre ſentiment : Eſtant choſe certaine & notoire que ſa Majeſté n'euſt peu s'en confier plus ſeurement qu'à celle qui apres luy auoir donné la vie, luy a rendu toute ſorte de preuues de ſon affection enuers ſa perſonne & ſon Eſtat. Auſſi apres auoir pris cette reſolution en fut-elle grandement louée par les trois ordres de ſon Royaume, au iugement deſquels elle doit par raiſon plus deferer, qu'à ce que la paſſion ſuggere à quelques eſprits mal affectionnez.

Ils ont recours à toute ſorte d'artifices, veulent perſuader aux villes que ſa Majeſté veut y baſtir des citadelles pour les tenir en ſubiectiõ: bien qu'ils ſçachent qu'elle n'en eſtime point de plus fortes & n'en vueille pas d'autres que le cœur de ſes bons & fideles ſubjets.

Ils taschent de faire croire aux Officiers de sa Majesté, qu'elle a dessein de changer l'ordre estably pour la seureté de leurs offices: à quoy elle n'a aucunement pensé.

Ils espandent parmy le peuple qu'on le veut surcharger, & qu'vn autre gouuernement luy feroit plus aduantageux, bien que les plus grossiers cognoissent, que rien n'a empesché sa Majesté de le soulager, que la necessité où leur rebellion l'a reduitte, & que iamais il n'a souffert dauantage, que lors que ces reformateurs d'Estat ont voulu introduire du changement.

Ils publient que sa Majesté abbaisse les grands, biẽ qu'il soit notoire à tout le monde que l'Estat n'est maintenant troublé que par ceux de cette qualité, qu'elle & ses predecesseurs ont eleuez.

Ils mettent en ieu le Parlement sur le subjet de ses remonstrances, comme me s'il n'auoit pas bien monstré par le passé qu'il detestoit le dessein qu'on auoit pris d'en poursuiure l'execution par les armes.

Ils s'efforcent de donner ialousie aux Catholiques des gratifications qu'on fait à ceux de la religió pretendue reformee, A ceux-cy du bon traictement qu'on fait aux autres : comme si tout le monde ne recognoissoit pas qu'estans tous subjets de sa Majesté, elle les cherit sans aucune difference d'vne affection egale & vrayement paternelle, & qu'elle veut religieusement faire obseruer ce qu'elle a promis aux vns & aux autres.

Ayans tasché de remuer tout ce qu'ils peuuent en cet Estat, leurs artifices passent aux pays estranges, publians que sa Majesté mesprise ses anciennes alliances : comme si ces bruits pouuoient faire impression en ceux qui par experience ſçauent le contraire.

Ainſi ils eſſayent d'intereſſer toute ſorte de gens en leur cauſe, bien qu'eſtant fondee ſur leur crime particulier elle ne puiſſe eſtre commune.

Par ces moyens ils veulent faire croire que tout eſt perdu en ce Royaume, afin qu'il leur ſoit loiſible de tout perdre. Ce qui ſe iuſtifie clairement par les armes qu'ils ont priſes, & en ce qu'ils ne demandent autre choſe par leurs lettres, ſinon que le Roy chaſſe ceux qui le ſeruent fidelement, en r'appelle d'autres dont ils ont demandé l'eſloignement auec tant de paſſion, que ce ſubjet a eſté pretexte de leur guerre: En fin qu'on deliure Mõſieur le Prince de Condé, qu'on a eſté cõtraint d'arreſter pour le bien commun de l'Eſtat, & pour la ſeureté des perſonnes de leurs Majeſtez.

Cependant afin d'attirer les peuples, qui ne respirent autre chose que le repos, Ils publient artificieusement qu'ils desirent la paix, & que sa Majesté veut la guerre : Que recherchans le salut de l'estat on n'a pour but que leur ruine : mais il est trop clair que sa Majesté n'a autre obiect deuant les yeux que la tranquillité de son Estat: que ce sont eux qui la forçent à prendre les armes, & que s'ils sont menacez de quelque mal, c'est de celuy qu'ils cherchent en procurant la subuersion de cette Monarchie.

Est-ce desirer la paix que de s'asseurer (comme ils font) de tous costez de gens de guerre, que de faire publiquement des leuees de soldats de leur propre auctorité, que de fortifier les places dont sa Majesté leur a donné la garde & le gouuernemét, que d'entreprendre sur ses villes, d'arrester &

ſaiſir ſes deniers, de mandier leur protection de toutes parts, de vouloir introduire des armees eſtrangeres en ce Royaume : En fin que de s'approcher auec forces de ſa Majeſté, & non ſeulement commettre tous actes d'hoſtilité, mais permettre les voleries ?

Des ſubjets deſirent-ils la paix lors qu'ils la demandent à main armée ? Les Rois la procurent quelques fois ainſi, mais non pas les ſubjets, qui n'ayans autres armes enuers leur Prince, que les prieres, ſortent des termes de leur deuoir toutesfois & quantes qu'ils ont recours à d'autres.

Ce proceder ne iuſtifie-til pas clairement que s'ils deſirent la paix, c'eſt pour auoir plus de temps de ſe preparer à la guerre, pour ſe donner plus de loiſir d'eſclorre leurs conſpirations, & d'auancer les effects de leurs mauuais deſſeins ?

A quel propos feindre des entreprises sur leurs vies, sinon pour se donner quelque apparent subjet d'attenter sur celle des autres ?

Est-ce desirer la paix, que d'auoir recours à tels artifices, qui ne peuuent auoir autre effet que de la rompre ?

Quant à sa Majesté, qui peut dire qu'elle desire la guerre, apres auoir veu qu'en peu de temps elle a fait trois traictez pour donner & conseruer la paix à son peuple : apres auoir veu les sommes immenses auec lesquelles elle l'a racheptee plusieurs fois : apres auoir veu l'excessiue clemence dont elle a vsé enuers ceux qui l'ont troublée, pour les faire rentrer en eux-mesmes & les ramener à leur deuoir : Apres auoir sceu qu'en ceste derniere occasion elle a tenté toutes les voyes de douceur, auant que d'auoir recours aux armes, pour faire tõber des mains de ses ennemis celles qu'ils ont prises au preiudice de son auctorité?

Qui ne void que sa Majesté, apres auoir esprouué que les remedes doux & benins n'ont fait qu'aigrir le mal, est obligee d'auoir recours aux autres que Dieu luy a mis en main?

Qui ne void qu'apres auoir experimenté que tous les traictez qu'elle a faits luy ont esté non seulement inutiles, mais preiudiciables, Traicter de nouueau seroit donner occasion de nouuelle entreprise, cóme si les reuoltes deuoiét tousiours estre impunies?

Qui ne void en fin que le seul moyé qui reste maintenát à sa Majesté pour empescher les rebellions trop frequétes en son Estat, est de punir seuerement ceux qui en sont autheurs, & recognoistre ses fideles subjets, qui demeurent en l'obeyssance qu'ils luy doiuent?

Pourquoy sa Majesté se porteroit-elle à la guerre, si conseruant la paix elle pouuoit contenir ses subjets aux termes que la nature, la raison, & la loy de Dieu leur prescriuent ?

Ne sçait-on pas qu'il est des Rois comme des peres, qui contraints de chastier leurs enfans, en reçoiuent plus de desplaisir, que les propres enfans du chastiment ?

Si ceux qui se sont maintenant sousleuez estoient tels qu'ils doiuent estre, les ruiner ne seroit-ce pas affoiblir sa Majesté ? Respandre leur sang, ne seroit-ce pas espancher le sien propre ? Et par consequent il est aisé de cognoistre qu'elle ne peut auoir dessein de dissiper leurs forces, qu'entant qu'elle void qu'ils en veulent abuser contre leur deuoir, son auctorité & son seruice. Et pour leur en rendre tesmoignage s'ils ont encore quelque racine du respect & de l'obeyssance qu'ils doiuent à leur Roy, s'ils ont quelque affection à la conseruation de ceste Monarchie, à laquelle ils doiuent leur naissance & leur auancement, s'il leur demeure quelque compassion des miseres & calamités qu'ils ont veu & fait souffrir au pauure peuple, s'ils ont quelque sentiment des loix diuines & humaines qu'ils font estat d'embrasser: Qu'ils quittent les armes, se remettent en leur deuoir, & lors ils receuront des effects de la clemence de sa Majesté, au lieu de la rigueur qu'ils doiuent attendre de la iustice de ses armes.

C'est ce que desire sa Majesté, qui proteste deuant Dieu & deuant les hommes, que rien ne luy met les armes en main, que celles qu'ils ont desia prises, qu'elle les prend contre son gré, grandement desplaisante de s'en s'en seruir pour chastier les mauuais comportemens de ceux qui deuroiét exposer leur vie pour son seruice: Que ses larmes accompagneront le sang qu'ils la contraindront de respandre: Qu'en conseruãt la dignité de sa courõne, il n'y a rien qu'elle ne voulut faire pour euiter les malheurs qu'ils veulent renouueller en son Royaume.

Mais si la douceur dont elle a vsé iusques à ceste heure, ne fait autre chose que les endurcir, si l'oubliance de leurs fautes ne sert qu'à leur faire oublier leur deuoir, si ses bienfaits n'ont eu autre effet que de les rendre plus puissans à mal faire, & que leur ingratitude soit la seule recognoissance dont ils les payent, si les menaces portees par ses declarations sont inutiles pour les contenir: si en fin ils ne peuuent estre ramenez à leur deuoir par aucunes considerations, & que d'ailleurs ils continuent à faire paroiſtre par leurs actions, qu'ils n'ont autre deſſein que d'abbatre l'auctorité de ſa Majeſté, deſmembrer & diſſiper ſon Eſtat, ſe cantonner en ſon Royaume, pour au lieu de ſa puiſſance legitime, introduire autant de tyrannies qu'il contient de prouinces, à la ruine de ſes pauures ſubjets, qui en peu de temps ſe verroient reduits ſous la plus cruelle ſeruitude qui ait iamais eſté au monde.

En ce cas ſa Majeſté touchee des ſentimens d'vn vray pere, animee du courage d'vn grand Roy, ſera contrainte (quoy qu'à regret) de chaſtier ces perturbateurs de ſon Eſtat & punir leur rebellion.

En quoy elle oſe ſe promettre que Dieu qui protege les Rois & les Royaumes, & qui a deſia faict tant de merueilles pour la France, leur imputant tous les malheurs que la guerre ciuile traine apres soy, fauorisera ses iustes armes de telle sorte, qu'apres leur auoir en peu de temps fait receuoir la peine de leurs crimes, elle rendra pour tousiours à son Estat vne paix si tranquille, que si le commencement de son regne est agité de troubles, la suite & la fin seront accompagnees d'vn parfaict repos.

C'est le but que sa Majesté se propose, la grace qu'elle mandie du Ciel, & qu'elle espere auec d'autant plus de confiance qu'elle ne doute point que tous ses subjets ne contribuent tout ce qu'ils pourront pour la luy faire obtenir.

Les Ecclesiastiques en redoublant les Sainctes prieres qu'ils font à Dieu auec tant de soin, & les bonnes exhortations dont ils se sont si dignement acquittez enuers son peuple.

Sa Noblesse en prenant les armes, & monstrant qu'elle est vrayement heritiere de la valeur & du courage que ses ancestres ont tousiours fait paroistre au seruice de leur Roy.

Les communautez & les peuples en se conseruant la gloire qu'ils ont acquise par l'obeyssance & la fidelité inuiolable qu'ils ont particulierement tesmoignee en ces derniers mouuemens.

Tous en fin conspirans par tous moyens au repos de cét Estat, à la prosperité de leur Roy, & à la grandeur de ceste Monarchie.

Faict à Paris le xviij. Feurier 1617.

Signé, LOVIS.

Et plus bas, DE RICHELIEV.

www.ingramcontent.com/pod-product-compliance
Ingram Content Group UK Ltd.
Pitfield, Milton Keynes, MK11 3LW, UK
UKHW022007260726
13994UKWH00004B/1973

9 782329 365244